中公文庫

ダヤンのクリスマスまでの12日

池田あきこ著

中央公論新社

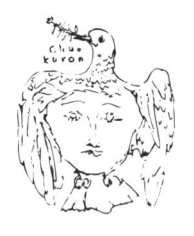

レシピ作成　佐藤和代
ブック・デザイン　湯浅レイ子・森綾（ar, inc.）
編集協力　ハンズ・ミケ

ダヤンの
クリスマスまでの12日

池田あきこ

目次 Christmas in Wachifield

1 日目　ヨールカのカード作り　8
2 日目　ちょっとひと休みのパンケーキ　12
3 日目　メイプル母さんのテーブルクロス　16
4 日目　まつぼっくりのミニ・ツリー　20
5 日目　ヨールカのとびらが開くとき　24
6 日目　パスタとパムのキャンドル作り　32
7 日目　イワンの手作りリース　36
8 日目　ごちそうの下ごしらえ　40
9 日目　ウィリーのジンジャークッキー　44
10 日目　わちふぃーるどの星祭り　48
11 日目　ハビーの酒場の大きなツリー　62
12 日目　パーティのごちそう　68

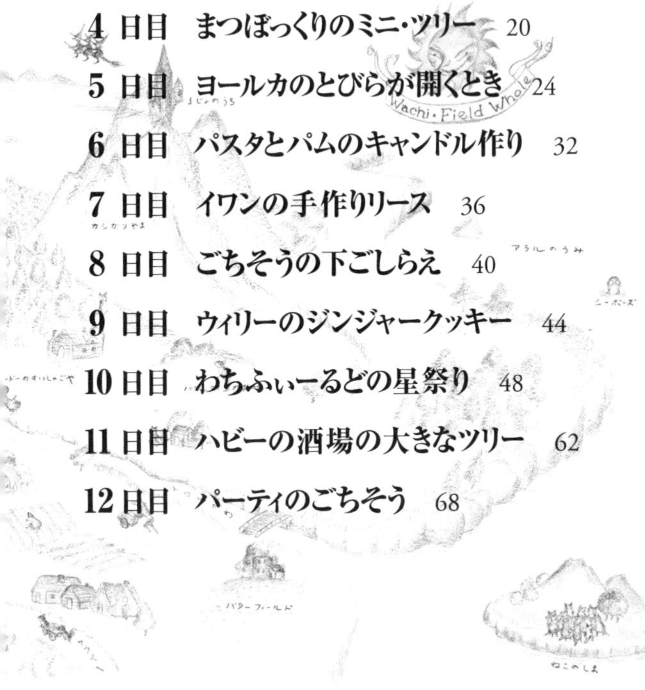

わちふぃーるどのヨールカ

カレンダーが12月にかわると、わちふぃーるどの住人たちも、ソワソワ、ワクワクしはじめます。“ヨールカの祭り”の月ですからね。

“ヨールカの祭り”は外の世界でいうとクリスマスにあたります。ただし、雪の魔法が目をさます17日の夜にはじまり、25日の太陽の誕生日まで毎日続くのですから、少し様子がちがうかもしれません。

ダヤンもマーシィもヨールカの日から指折り12日をかぞえては、準備をはじめます。カードを書いたり、リースを作ったり、プレゼントを考えたり……。あんまり、いそがしいので、なにかにつけて、ダヤンはついつい、ひと休み。

わちふぃーるどの住人たちの手作りヨールカをのぞいて見れば、きっとあなたもウキウキしてくるはず。

1日ごとに、小さなお話を読みすすんで、あなただけのクリスマスをむかえてみましょう。もしかしたら、ダヤンが顔を出すかもしれません。

TACIEL
POST

On the 1st Day

ヨールカのカード作り

Making Message Card

マーシィは
大勢いるおじさん、おばさん
いとこたちや友達への
カード作りに大いそがし
そして、この時期になると
エルタシルの郵便局も
とてもいそがしいのです
なにしろ、アラルの海の底から
フォーンの森の泉の中
月のおばさんにまで
カードをきちんと届けなくては
ならないのですから
とてもギヴだけにまかせてはおけません

郵便局長のシュービルさんみずから
飛んだり、もぐったり
泳いだりしていました

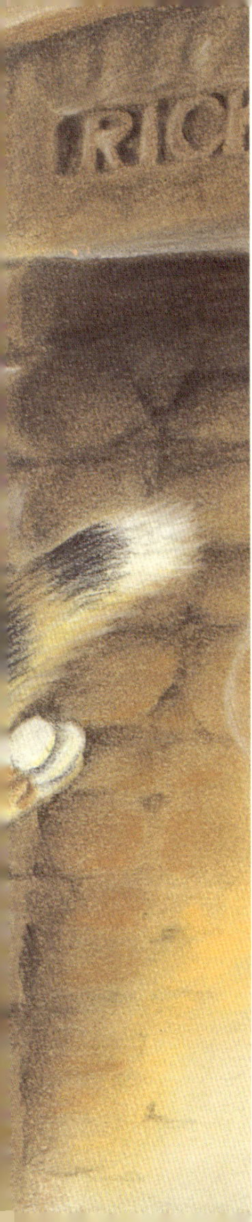

On the 2nd Day

ちょっとひと休みのパンケーキ

Relax Pancake

みんな、いそがしく
ヨールカの準備をしているのに
本当にダヤンったら
一体何回ひと休みをしたら
気がすむのでしょうか
ホットレモネードとパンケーキで
おなかの中まであったまって
うとうとしているダヤンのしっぽに
火の粉がパチンとはじけて
飛びつきました

ちょっとひと休みのパンケーキ
小型のもの6枚分

小麦粉（薄力粉）　75ｇ
ベーキングパウダー　小さじ1
卵　1個
砂糖　大さじ1
牛乳　60cc
バター　大さじ2
サラダ油

①小麦粉とベーキングパウダーを合わせてふるっておく。
②ボールに卵を割りほぐし、砂糖を加えて、滑らかになるまでよく混ぜる。
③そこへ、牛乳を少しずつ加えながら、よく混ぜ続ける。
④バターを小鍋に入れて火にかけ、溶けたら③に加える。
⑤ふるった粉類を加えて、静かに混ぜる。これでタネはできあがり。
⑥フライパンを火にかけ、熱くなったらサラダ油をひき、いったん少し冷ます。
再び弱火にかけ、⑤のタネを大さじ2ほど流し、丸く広げる。
⑦表面がブツブツ泡だって、少し乾いた感じになったら裏返し、両面が薄いキツネ色になるまで焼く。
★パンケーキには、メープルシロップや蜂蜜、バター、ジャムなどをぬって、温かいうちに召し上がれ。

Cutting
Christmas
Cloth

On the

3rd

Day

メイプル母さんのテーブルクロス

Cutting Christmas Cloth

メイプル母さんの頭の中は
ヨールカの準備のことでいっぱい
なにしろ、大いそがしなものですから
ヨールカのテーブルクロスを
大きなハサミでジョキンと切ったひょうしに
あやうくシームの耳まで
切ってしまうところでした
あぶない、あぶない……

ホットレモネード

レモン　½個
蜂蜜　大さじ１

レモンを絞って蜂蜜と一緒にカップに入れます。
熱湯を注いでよく混ぜればできあがり。
あつあつをどうぞ！

On the 4th Day

まつぼっくりのミニ・ツリー

Picking Pine Cone

ダヤンは、一番いいまつぼっくりをさがしに
フォーンの森に出かけていきました
なかなか、これといった
まつぼっくりが見つかりません
そのうち、だんだん風が出てきて
枝がザワザワさわぎだし
気がつくと、森じゅうの木が調子をあわせて
歌をうたっていました
「ヨールカの練習をしているんだな」
と思ったダヤンは
かけ合い歌にまじって歌いだし
みんな、たいそう楽しく時を過ごしました
そして、帰りぎわには
森は、もんくのつけようのないほど
りっぱなまつぼっくりを
バラバラと、おみやげに落としてくれました

フルーツのラム酒づけ

レーズン　90g
オレンジピール　90g
ドレンチェリー　9粒
ラム酒　大さじ4

①レーズンはさっと洗って、水に5分くらい浸しておく。
②オレンジピールはあらいみじん切りに、ドレンチェリーは2つ割りにする。
③レーズンの水気を切って、小鍋に入れ、から煎りしてからラム酒大さじ2を加え、少し煎り煮する。
④瓶に②と③を入れ、残りのラム酒大さじ2を加えて3日以上おく。
★一ヶ月くらいおいても、またおいしい！　パウンドケーキにも使えます。

On the 5th Day

ヨールカの扉がひらくとき

Open the Eurocka Door

ダヤンはリーベントヒルのリーマちゃんの家でかわれている、ごくふつうの猫でした。

12月17日は、リーマちゃんのお誕生日。友達が大勢やってきます。

ダヤンは子どもが大きらい。だれもこない部屋にかくれていたところ、バタンとドアがあき、子どもが入ってきました。

これはかなわない。
ダヤンは窓をあけて、
外にとびだしました。

雪で外の様子は、すっかり見たこともない世界のようになりました。

そのうち、霧がでてきて、まわりはまったく見えなくなりました。すると、どこからか音楽がきこえてきます。

それは、今まできいたこともないほど、楽しい音楽で、思わずダヤンはおどりだしてしまいました。

ダヤンは不思議な音楽にみちびかれ、自分が2本の足で立っているのも忘れて進んでいくと、小さなとびらが見えました。

とびらをあけてみると、手の届きそうなところに大きなモミの木のこずえがあり、美しい音楽と歌声がきこえてきます。
ダヤンが思いきって、モミの木のこずえにとびついた瞬間、とびらがしまりました。

大変なことになったかもしれないぞ、とダヤンが見ていると、とびらはくるくる回りながら小さくなり、雪にまぎれて見えなくなってしまいました。

下の方の枝までおりて
いくと、動物たちの顔
が見えてきました。
みんな
「ヨール　クラップ」
「ヨール　クラップ」
とひょうしをとってい
ます。

もう1度、よく見ると
びっくり、見たことも
ない大きなかいぶつが
たくさんの歯を見せ
て、みあげています。

ダヤンはあわてて枝か
ら手をはなしてしまい
ました。
木からおっこちたダヤ
ンを、わにのイワンが、
上手にそっと、うけと
めました。

動物たちは、ヨールカの魔法がつれてきた、外界からの新しい住民にあいさつしようとかけよってきました。ダヤンはもみくちゃにされてしまいました。

ひとしきり、あいさつがすむと、あらたに雪の神をたたえる音楽がはじまり、ダヤンもいっしょにステップをふみました。

こうして、ダヤンのわちふぃーるどでのくらしがはじまったのです。

On the
6th
Day

パスタとパムのキャンドル作り

We want a Wallnut Candle

11ぴきのリスたちは、朝からキャンドル作り
年上のパスタとパムは
父さんと母さんの分も
作ることになりました
ゆうべ食べた、くるみのカラを利用して
好きな色をつけたり
ロウに色をまぜこんだり……
けっきょく、好みもバラバラ13個で
13色そろい、本当にきれい!?
11ぴきは、なかなかねむれず
ついに夜中に起き出すと
自分のキャンドルに
火をつけてしまいました

クリスマスには、たった2個しか
残りませんでしたが
まぶたのうらには、いつまでも
キャンドルのほのおが
チロチロうつっているということです

On the 7th Day

イワンの手作りリース
Winter Wreath

イワンが森の中を歩いていると
リース作りにぴったりなスギの枝を
たくさん見つけました
スギの枝は
まだ濃い緑色をしていましたが
少しかれかけていたので
イワンにひろわれて
大喜びです
スギの枝は
大きな、りっぱなリースになって
さっそくイワンのほらあなの
ドアにかけられました

ミックス野菜のライトピクルス

きゅうり　3本
にんじん　1本
カリフラワー　1株

〈つけ汁〉
ワインビネガー　½カップ
水　2カップ
砂糖　大さじ3
塩　小さじ2
粒こしょう　5〜6粒
赤唐辛子　3本　ローリエ　2枚

①野菜の下ごしらえ
　きゅうりは乱切りにしておく。
　にんじんは乱切りにして熱湯で1分ゆでる。
　カリフラワーは乱切りにして熱湯で30秒くらいゆでる。
②つけ汁の材料を全て鍋に入れ、一度煮立ててから冷ます。
③①を瓶に入れ、②を注いで、2日から1週間おく。

On the 8th Day

ごちそうの下ごしらえ

Preparing for the Party

いよいよ8日目

ごちそうの下ごしらえが始まりました

マープルマフの家の台所は

朝から料理のお手伝いが

つめかけて、大にぎわい

粉をふるう者

野菜を切る者

だんどりはいいのですが

ひと区切りごとに

みんなが味見をするものですから

こまってしまう

どうも、マーシィの見たところ
できあがったものは
材料の半分もないような気がしました

On the 9th Day

ウィリーのジンジャークッキー

Gingery Gingerman

ウィリーはダヤンの家で
なかよくジンジャークッキーを
作ることになりました
けれどもダヤンが
自分でも気づかないうちに
ねずみクッキーを作っているので
思わずびくついたウィリー
とてもおくびょうなジンジャーマンを
作ってしまいました
ジンジャーマンは、オーブンで焼かれるのが
おそろしくて
窓から
逃げだしてしまったそうです

ジンジャークッキー
（20個分くらい）

小麦粉（薄力粉）　250ｇ
シナモン／ジンジャー（パウダー）各小さじ1
しょうがのしぼり汁　小さじ1　バター　120ｇ
砂糖　60ｇ　蜂蜜　大さじ3　卵　1個
〈アイシング〉: 粉砂糖　100ｇ　卵白　1個分
〈飾り〉: アラザン　適量　スプレーシュガー　他

①小麦粉、シナモン、ジンジャー（パウダー）を合わせてふるっておく。
②室温に戻したバターをボールに入れ、クリーム状になるまで練り、蜂蜜と砂糖を加えてよく混ぜる。
③そこへしょうがのしぼり汁と卵を加えて混ぜ、①の粉類を2～3回に分けて加えながら、混ぜ合わせる。
④冷蔵庫で1時間くらい休ませてから、台に小麦粉をふって生地を置き、めん棒で3ミリくらいの厚さに延ばす。
⑤星やツリーの形に型抜きしたり、ジンジャーマン、鳥などの形にナイフで切り抜いたりして形を作る。
⑥天板に並べ、160℃のオーブンでうっすら焦げ色がつくまで、12～13分焼く。焼き上がったものは網の上に並べて冷ます。
⑦アイシングをつくる
卵白に粉砂糖大さじ2を加え泡立てる。固さを見ながら粉砂糖を足す。
⑧クッキーがすっかり冷めたらアイシングを塗る。アイシングが乾かないうちにアラザンやスプレーシュガーなどで飾る。

10日目

わちふぃーるどの星祭り
きょうは12月22日、星祭りです
星々と月が“祭り”を祝福して光り輝き
歌合戦がひらかれます
この日は雪も降らず
ダヤンもドードーも
わちふぃーるどの住人たちが
昼と夜のパートにわかれて
じまんのノドをきそいます

MARPLE MAFF

ヨールカくるよ
ごちそうはなぁに？
どんぐりスープに揚げだんご
あまいあまいタルトにワイン

ヨールカくるよ
パーティはどこで？
どこもかしこもパーティだらけ
好きなところで　好きなだけ

ヨールカくるよ
贈り物は誰に？
それはないしょ
誰にもないしょ

ヨールカくるよ
ダンスをしよう
ヨールカくるよ
くるくる　まわれ

さて、いよいよ夜もふけて宴もたけなわ
ダヤンが歌い出します

ハレラーソンツェ。昼はステキ
ヨールカの朝は　お陽さまも
顔を洗って　お出ましさ
ホルンは輝く金の音
ダンスをしようよ　光の中で

ハレラーマイン。夜はステキ
ダンスのことならまかせとけ
あたり一面銀世界
月の光に照らされて
ロマンチックに　ドードーポルカ

ドードーが歌い終わると
今度はイワンが受けてたちます

ハレラーソンツェ。昼はステキ
ポルカばかりが　能じゃない
喉を焼くよな火の酒も
この時ばかりは　飲みほうだい
足元ふらふら　おぼつかないが
踊っていると思うだろ

ハレラーマイン。夜はステキ
そこのかわいい酔っぱらい
さあさ　おいでよ魔女占い
年に一度の荒かせぎ
ヨールカなんて　きらいだが
後に続く十二夜の悪魔妖怪集まって
それから　ほんとの　パーティさ

ハレラーソンツェ。昼はステキ
ぼくらは　ヨールカ大好きさ
しょうがパンに　こしょう菓子
あたり一面　いい匂い
おなか一杯つめこんで
後は春まで眠るのさ

そうして、歌のかけあいも絶頂に達しとうとう月が降りてきました

ハレラーマイン。夜がステキ
広い世界の子供達
銀の光で　くまなく照らす
良い子は誰じゃ
泣く子は何処じゃ

月は夜に軍配を上げました

On the 11th Day

ハビーの酒場の大きなツリー

Everybody Eulogyed Eurocka Tree

きょうはいよいよツリーのかざりつけです
ハビーの酒場に
フォーンの森でも一番大きい
もみの木が運ばれました
ツリーのかざりつけほど
楽しいものはありません
タシルじゅうの住人が集まってきました
いったいどこにいたのかと思うほど
大勢つめかけてきたので
かんじんのツリーはほとんど見えず
窓からこぼれる者
ポーチにおしつけられる者など
大さわぎです
夕方になり、少し人数がへると
外でおどりながら待っていた者も

ツリーをのぞくことができました
そして、やっぱり今年のツリーが一番と
うわさしながら、心楽しく家路につきました

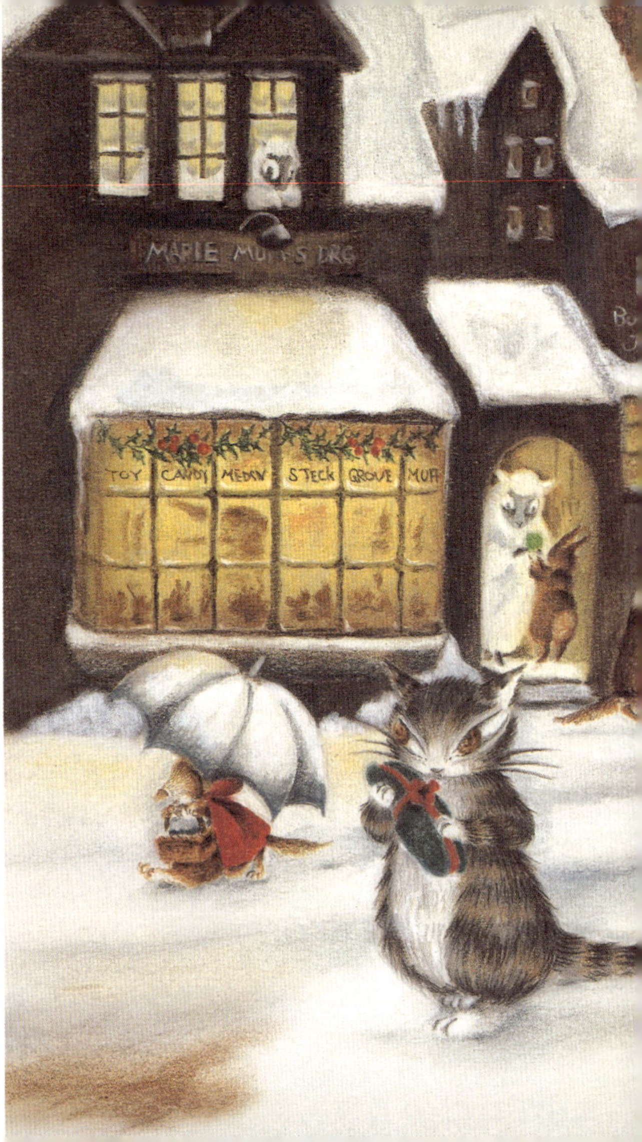
MAPLE
TOY
CANDY
STECK
GROVE

On the

12th

Day

パーティのごちそう

Eternal Eurocka Eve

ダヤンとマーシィは
ヨールカパーティの特別なごちそう用にと
買物をたのまれました
ミートローフやフルーツポンチの材料は
すぐそろったのですが
プレゼントをまだ用意していませんでした
ダヤンはマープルマフの店で
マーシィに
赤い手ぶくろを買いたかったので
オルソンさんの野菜市の前で
マーシィと別れました
マープルさんは
もう店じまいをしていましたが
おくから特別にまっ赤な羊毛のミトンを
だしてくれました

フルーツポンチ

缶詰の果物　適量
生の果物　適量
缶詰のシロップ　2カップ
炭酸水　2カップ

①缶詰の果物、生の果物を一口大に刻む。
②缶詰のシロップと炭酸水を混ぜ、果物と和える。

ヨール・クラップ

Euro Crap

パーティが終わったら
ヨール・クラップ
寒くないようにして、夜の窓をたたきます
そして、知らない顔をして
家々にプレゼントをなげこむのです
「ヨール・クラップ」
「ヨール・クラップ」
わちふぃーるどの夜に
クスクス笑いとあたたかな明かりが
広がっていきました

12月25日

きょうは太陽の生まれた日
ダヤンもわちふぃーるどの住人たちも
静かに祈りの日をすごします

この本は1990年11月に株式会社ほるぷ出版から
刊行されたものを再編集したものです。

中公文庫

ダヤンのクリスマスまでの12日《だやんのくりすますまでのじゅうににち》

定価はカバーに表示してあります。

2001年10月15日　初版印刷
2001年10月25日　初版発行

著　者　池田 あきこ《いけだ あきこ》

発行者　中村 仁

発行所　中央公論新社　〒104-8320 東京都中央区京橋 2-8-7

TEL 03-3563-1431(販売部)　03-3563-3692(編集部)　振替 00120-5-104508

Published by CHUOKORON-SHINSHA, INC.

本文印刷 精興社　カバー印刷 三晃印刷　製本 小泉製本

ISBN4-12-203915-0 C1193　Printed in Japan